城南宮 春夏秋冬

［文・写真］鳥羽良明

京都新聞出版センター

もくじ

＊それぞれの行事の日時や花の見頃の時期は、ホームページでご確認ください。

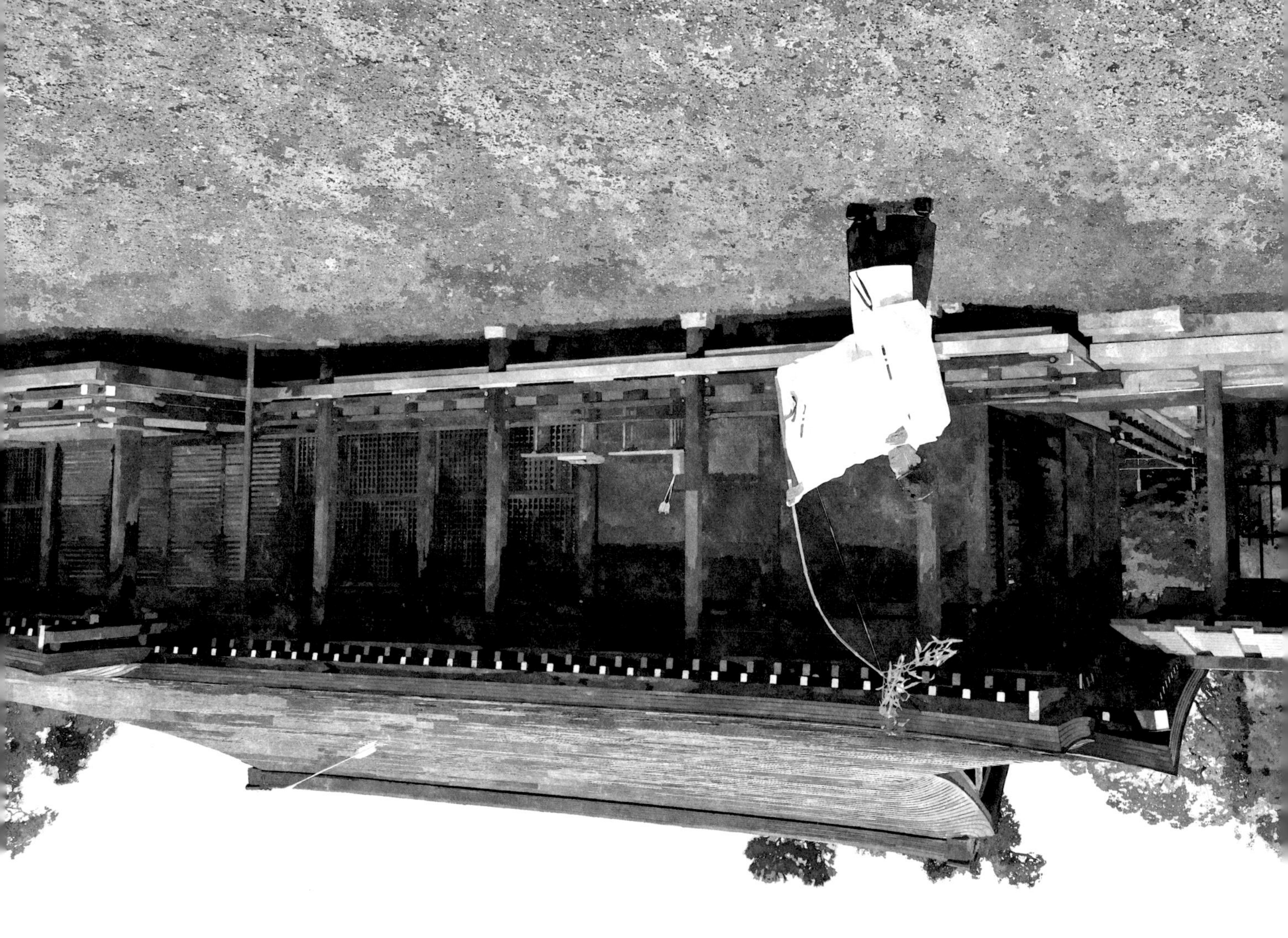

四季を愛でる

城南宮の周囲に春の山や秋の山を備えた離宮が営まれ、歌会や船遊び、祭礼行事が雅やかに行われていた800年ほど前に出来た『今昔物語集』に、高い高い木の上の、神様が住まわれる御殿に行った僧の話が載っています。僧が御殿の外を垣間見ると — 東は正月の景色、梅が咲き、鶯が囀り、ご馳走を囲んで華やいだ宴が行われています。東南、丘の上では着飾った男女が歌を詠み合い、花を尋ね、蹴鞠や弓遊びをしています。南は初夏の風景、祭り見物の牛車がゆっくり進み、杜鵑が鳴き、白い橘の花が香ります。南西は夏の終わり、夏越の祓に向かう男女を乗せた牛車が、ちょうど川原に入ろうとしています。西は秋、七夕の行事が行われています。— このように、穏やかに四季がめぐり、花が咲き，鳥が鳴き，年中行事がうるわしく行われる、そのような世界に神様がいらっしゃる、と当時の人は考えていました。日本人が理想とした暮らしであり、四季の庭を備えた邸宅は『源氏物語』にも描かれ、城南離宮で現実のものとなりました。

今、城南宮の御本殿の周りに広がる緑豊かな神苑に、『源氏物語』ゆかりの植物を育て、神様が花や鳥を愛でられるようにと、庭を守っています。そして四季折々に祭礼行事を行っています。春・夏・秋・冬の様々な景色をこの写真集でご覧になり、是非ともお参りにお越しください。鳥の囀り、滝の音、風のそよぎ、水面のきらめき、雨上がりのあとの花の香り…。神々の息吹を五感で感じ神様の傍でひとときをお過ごしになってください。

城南宮宮司　鳥羽重宏

年中行事と四季の草花

平安京の守り神

延暦13年（794）の平安京の遷都に際し、都の安泰と国の守護を願い、国常立尊を八千矛神と息長帯日売尊に合わせ祀り、城南大神と崇めたことが城南宮のご創建と伝え、平安城の南に鎮まるお宮ということから、城南宮と呼ばれます。

平安時代後期、白河上皇や鳥羽上皇によって、城南宮を取り囲むように城南離宮（鳥羽離宮）が造営されて院政の拠点となると、城南宮は離宮の鎮守として一層崇められ、9月の城南祭では神輿行列に加え、流鏑馬や競馬も行われて大いに賑わいました。

明治維新を決定づけた鳥羽伏見の戦いは、城南宮の参道に置かれた薩摩藩の大砲が轟いて始まったのであり、錦の御旗が翻って旧幕府軍に勝利すると薩摩の軍勢は城南宮の御加護によって勝利を得られた、と御礼参りに訪れました。

神苑　源氏物語花の庭

源氏物語の主人公・光源氏は、四季の庭を備えた大邸宅「六条院」を造り、季節の移り変わりを愛で様々な遊びを行いました。白河上皇はこの「六条院」に触発されて、この地に院政の拠点となる城南離宮の造営に取り組んだと言われています。これにちなみ、城南宮では『源氏物語』ゆかりの80種あまりの花を随所に植栽しています。

現在の城南宮の神苑は、春の草木が次々と花開く「春の山」、寝殿造りの庭をモデルにした「平安の庭」、室町時代の様式でつくられた池泉回遊式庭園の「室町の庭」、桃山時代の豪壮な気風を反映した「桃山の庭」、平安時代後期の様子を表す枯山水の庭園「城南離宮の庭」と、趣の異なる5つのエリアで構成されています。

＊源氏物語に登場する草花の写真のページには、登場する巻名を記載しています。

西の鳥居
城南離宮扁額

氏子の寄進によって文久元年（1861）に建てられ、扁額の字は関白九条尚忠の書です。鳥羽伏見の戦いの際は、この西の鳥居と鳥羽街道を結ぶ参道に薩摩の軍勢が大砲を据え、旧幕府軍を迎え撃ちました。

社殿

本殿・前殿・向拝・翼廊からなる素木の社殿は、城南宮独自の優美な佇いです。屋根の緩やかな勾配や軒端の反り、そして餝金具に至るまで、平安時代後期の建築様式で昭和53年（1978）に造営されました。

随神像

城南宮の随神像は、平安時代の随神像の姿を再現しています。共に目をいからせ、ご祭神をお守りする役割を果たしています。

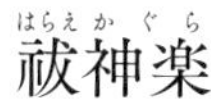

祓神楽（はらえかぐら）

1月1日より3日まで、神楽殿の表舞台で巫女が鈴の音もさやさやと「祓神楽」を舞い、初詣に訪れた参拝者をお祓いして災いを除き、無病息災を祈ります。

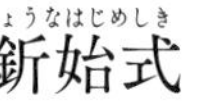

釿始式（ちょうなはじめしき）

建築工事の初めに安全を祈願して行われる古式ゆかしい釿始式を鋸、指金、手釿などの道具を用いて斎行し、一年間の仕事の無事と会社の繁栄を祈願します。

雪景色

雪が降り積もり、雪化粧をした平安の庭。池の水鏡に木々が映し出され、まるで水墨画のような幻想的な景色が広がります。

湯立神楽
祓神楽

拝殿で４人の巫女が扇や神楽鈴を手にし「祓神楽」を舞ったのち、参拝者をお祓いします。湯立神楽終了後、福笹を特別に授与します。（希望者：有料）

湯立神楽 御幣の舞

襷掛けの巫女が文政６年（1823）の銘を持つ大釜の前に進み出て、大釜を清め「御幣の舞」を舞います。さらに釜の湯を笹の葉で勢いよく散らして邪気を祓い、無病息災、願望成就を祈願します。

節分祭
豆打(まめうち)の儀

本殿での祭典に引き続き、神楽殿の表舞台での追儺(ついな)神事では、鬼門と裏鬼門に矢を放って邪気を払う「弓矢の儀」と、方除・厄除・家内安全を祈願して「豆打の儀」を行います。

七草粥の日

旧暦の正月７日に近い２月11日にセリ、ナズナ、スズナ、スズシロなど春の七草を神前に供え、参拝者は熱々の七草粥（希望者：有料）を食べ、植物のみずみずしい力を体内に摂りいれて、無病息災・延命長寿を祈願します。

梅が枝神楽（うめがえかぐら）

神楽殿表舞台で梅の花を冠に飾った巫女が、梅の枝を手に神楽を舞います。その後、健康と招福を祈願した 花守り をお受けになる方を一人一人、巫女が神楽鈴でお祓いします。（希望者・有料）

しだれ梅

150本のしだれ梅が育つ春の山の正面付近の景色です。満開の頃、あたり一面に馥郁たる香りが漂い、息を飲むほどの美しい光景が眼前に広がります。

しだれ梅と落ち椿

藪椿

苑内には約150品種の椿を植栽しています。また、“城南椿”“離宮椿”“長生椿”をはじめとするたくさんの藪椿が自生しています。
(若菜上の巻)

春祭（祈年祭）

「としごいのまつり（祈年祭）」は、春の耕作を始めるに当たって、五穀豊穣を祈るお祭りです。社務所の大門を出発し、石畳の参道を御本殿に向かいます。秋には「新嘗祭（にいなめさい）」を行い収穫に感謝します。

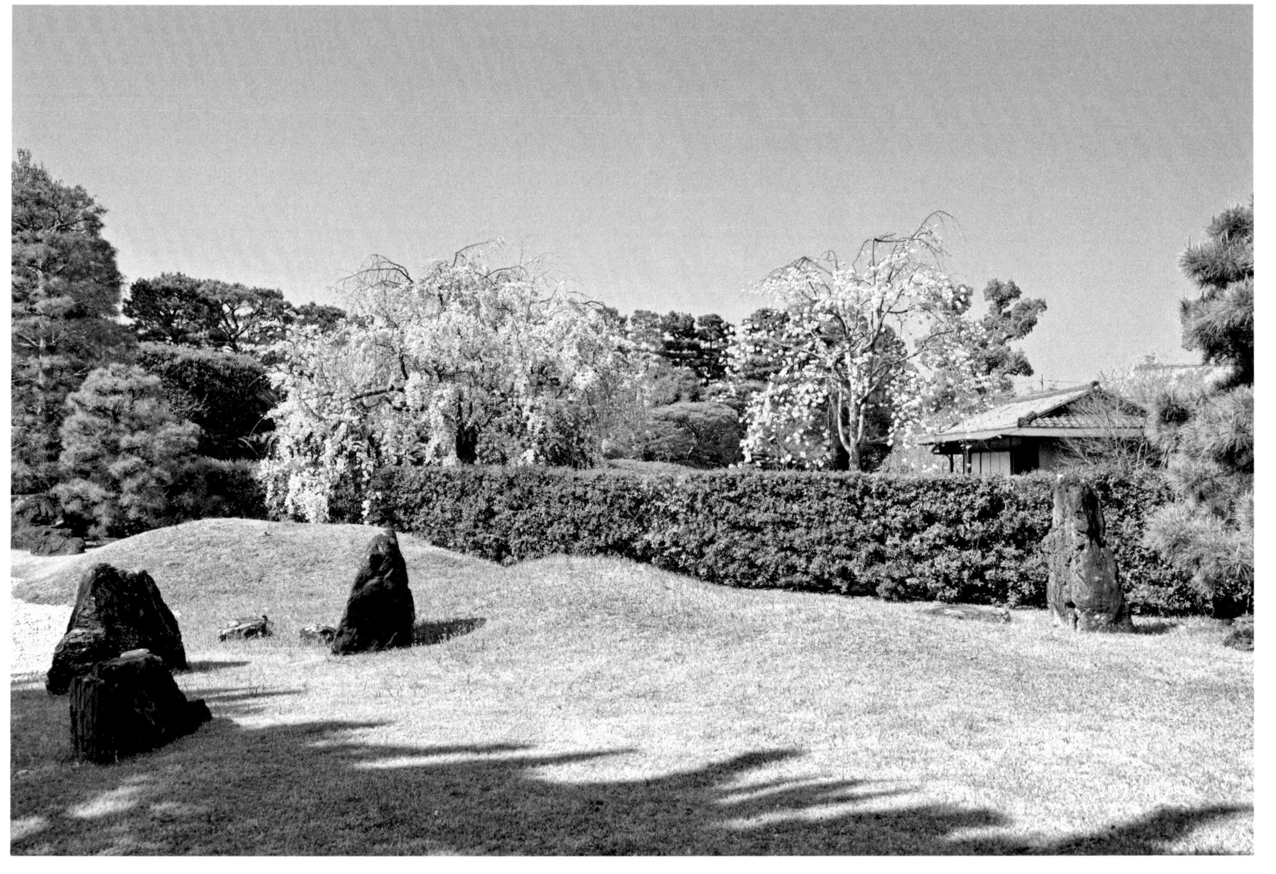

枝垂れ桜

青い空と、大きく傘状に拡がりを見せる紅色の枝垂れ桜のコントラストが美しい春の景色です。例年、市内より少し遅くに見頃を迎えます。

（幻（まぼろし）の巻）

山吹

山吹の花の色は黄金色とも表現され、水面に映し出されたその景色は新緑のなか彩りを添えます。
（胡蝶（こてふ）の巻）

ときわまんさく

ひとつひとつの花はリボン状で目立ちませんが、樹木全体を覆うほどにに咲いた花の様子は、見応えがあります。

藤

爽やかな5月の風が通り抜け、濃い紫色や薄い紫色が重なり合う藤の花が揺れ、色とりどりの躑躅が映える、京都を代表する初夏の風景です。

（藤裏葉（ふじのうらば）の巻）

曲水の宴
流觴曲水（りゅうしょうきょくすい）

琴の調べが流れる中、童子（わらわ）が、鴛鴦の姿をかたどった「羽觴（うしょう）」の背に朱塗りの盃をのせて流します。歌人は歌題にちなんだ和歌を詠み、それぞれ短冊にしたためます。

藤の巫女神楽

巫女が藤の花飾りを冠につけ、藤の花を手にし、鈴の音もさやさやとお祓いの神楽を舞います。その後、花守りをお受けになる方を一人一人、巫女が神楽鈴でお祓いします。（希望者・有料）

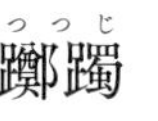

躑躅（つつじ）

本殿の東側、苑路に沿って赤や白やピンクの色とりどりの花が連なり、艶やかな景色が広がります。

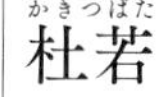

杜若（かきつばた）

室町の庭から離宮の庭に向かう水路に群生する、鮮やかな紫がかった青色の杜若が初夏に彩りを加えます。

城南流鏑馬（じょうなんやぶさめ）

承久３年（1221）、後鳥羽上皇が城南流鏑馬に事寄せて兵を集めた承久の乱以降、城南離宮での流鏑馬は途絶えましたが、平成17年（2005）に800年振りに再興されました。現在は、数年おきに斎行しています。

青もみじ

絨毯のように広がる苔と、空を覆い尽くすように広がる青もみじ。初夏の爽やかな風が通り抜け、若葉の揺れる様も趣があります。

馬酔木(あせび)

三つ葉つつじ

桃
（朝顔(あさがほ)の巻）

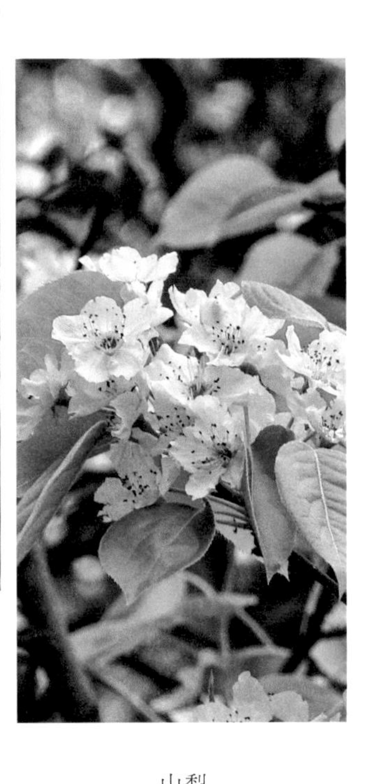

山梨
（総角(あげまき)の巻）

3〜5月に咲く草花

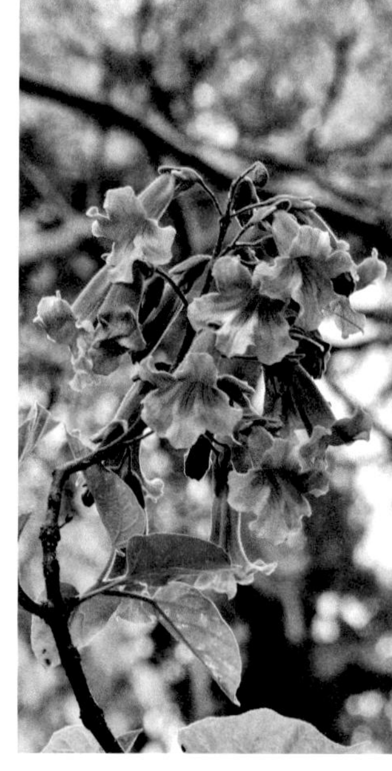

桐

（桐壺〔きりつぼ〕の巻）

空木〔うつぎ〕

（乙女〔おとめ〕の巻）

文目〔あやめ〕

（螢〔ほたる〕の巻）

ひとつばたご

3〜5月に咲く草花

笹百合

葉が笹に似ていることから笹百合と呼ばれます。少しうつむき加減に淡いピンク色の花を咲かせる笹百合は、可憐で上品な花姿です。

（竹河(たけかは)の巻）

夏椿

夏椿は一日花として知られています。緑の苔とその上に落ちた白い花が織りなすコントラストをお楽しみになれます。また、独特の斑模様になる樹皮も鑑賞価値が高いと言われます。

夏越の祓
茅の輪くぐり

6月の末、本殿と拝殿の間に設けられた「茅の輪」を「とはのもり　夏越の祓　する人は　千歳の命　延ぶといふなり」と唱えながらくぐり抜けます。

夏越の祓
人形（ひとがた）ながし

境内の「茅の輪」をくぐり抜けたのち、神苑内、春の山の「禊（みそぎ）の小川」では、半年間の罪や穢れを移した人形（ひとがた）を流して心身を清め、無病息災を祈願します。

夏越の神楽
鉾祓（ほこはらい）の儀

邪気を祓う茅（ちがや）を巻き鈴のついた鉾を手にした巫女が、疫病や災厄を祓う祈りをこめて天地（あめつち）を祓い清めます。

夏越の神楽
祓神楽

「鉾祓の儀」を行い、「祓神楽」を舞います。その後、ご希望の参拝者をひとりずつ神楽鈴でお祓いして疫病退散を祈念した御守を授与します。（希望者：有料）

夏越の祓
愛車（おくるま）の茅（ち）の輪（わ）くぐり

全国的にも珍しい、駐車場に設けられた直径５メートルにも及ぶ大きな茅の輪。神職が１台ずつお祓いします。参拝者は、交通安全を祈念しながら、自動車やバス・トラックに乗ったままくぐり抜けます。

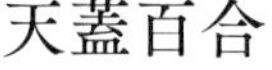

天蓋百合

鬼百合、別名をその花姿から天蓋百合といいます。鮮やかな橙色の花をつけ、緑の木々とのコントラストが美しい。

お涼み神楽

拝殿を囲む提灯に明りが灯り、夏の宵の風情が増すころ、神楽殿の表舞台で福笹を手にした巫女が「祓神楽」を舞います。その後、福笹を特別に授与します。（希望者：有料）

お涼み
氷柱

お涼み（例祭）の日、社殿の前に供えられた「方除安全」「無病息災」の木札を収めた２本の氷柱に触れ暑気を祓います。

撫子（なでしこ）
（常夏（とこなつ）の巻）

梔子（くちなし）
（玉鬘（たまかづら）の巻）

三稜（みくり）
（玉鬘（たまかづら）の巻）

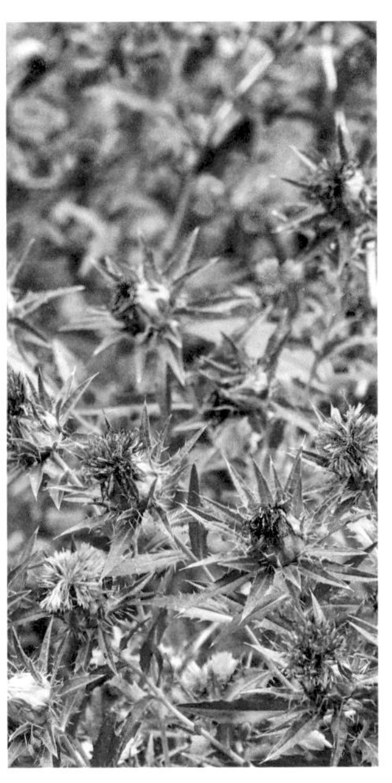

紅花
（末摘花（すゑつむはな）の巻）

6〜8月に咲く草花

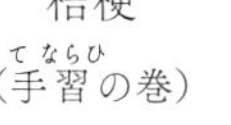

桔梗
（手習の巻）

女郎花
（蜻蛉の巻）

忘草
（葵の巻）

朝顔
（朝顔の巻）

6〜8月に咲く草花

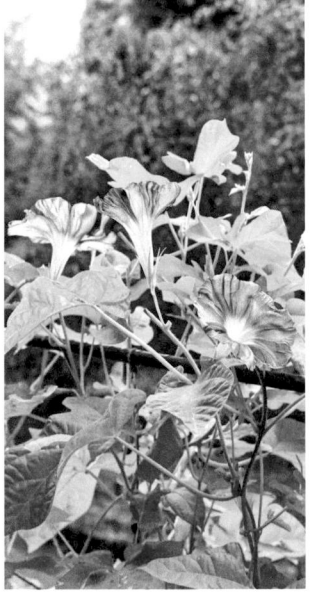

蓮
（鈴虫の巻）

浜木綿
（乙女の巻）

露草
（野分の巻）

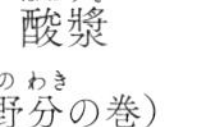

酸漿
（野分の巻）

6〜8月に咲く草花

菊の巫女神楽

巫女が菊の花飾りを冠につけ、「扇の舞」を舞います。その後、御鈴と菊の花を手にし、神楽を舞います。さらに、花守りをお受けになる方を一人一人、巫女が神楽鈴でお祓いします。（希望者・有料）

宮城野萩（みやぎのはぎ）

残暑の厳しい中、涼しげに泳ぐ鯉と平安の庭の水辺で美しく咲く萩や芒がひとときの涼を与えてくれます。

（桐壺（きりつぼ）の巻）

藤袴

紫色の小さな花が社殿を背景に美しく咲きます。平安時代には、藤袴の乾燥物を部屋の隅に置いて、その香りを香木のように賞しました。

(藤袴(ふじばかま)の巻)

城南祭

神輿の発輿のとき、拝殿をまわり本殿前へ進んだのち、威勢よく神輿を差し上げます。松神輿の屋根の上部には、御神紋の「日・月・星」を象った飾りがついています。

城南祭
獅子頭

神幸祭の当日、拝殿には神輿の還幸まで、獅子頭が飾られます。昔、神幸列に獅子が加わった名残で神輿の巡幸の無事を見守ります。

城南祭
遷霊祭

浄闇のなか、総代らの参列のもと、神輿より御神霊（おみたま）が本殿にお遷りになる遷霊祭を奉仕します。

菊花壇

菊の愛好会により、豪華絢爛に咲く大菊を三本立てに仕立てて、花壇組みして出展されています。

（藤裏葉（ふじのうらば）の巻）

火焚祭（ひたきさい）

参拝者の祈願が込められた１万本に及ぶ火焚串を忌火で焚き上げます。また参列者全員で「大祓の詞（おおはらえ ことば）」を唱えて無病息災、家内安全を祈願します。

火焚祭
浦安の舞

雅楽の演奏に合わせて、扇の舞、鈴の舞と典雅な「浦安の舞」を奉納して平安を祈念します。

紅葉

平安の庭では、錦織りなす紅葉を一望できます。池の水面に鏡のように映し出される紅葉も一見の価値があります。

（花宴（はなのえん）の巻）

紅葉

散り紅葉が池の底に小川から流れ込み、沈んでいます。あたかも紅葉の上を悠然と泳ぐ錦鯉の姿を見ることができます。

紅葉

雨が降り、赤や黄色に染まった葉が、あたり一面を染めます。紅葉の盛りのころで木々も色づき、量感のある紅葉の景色になりました。

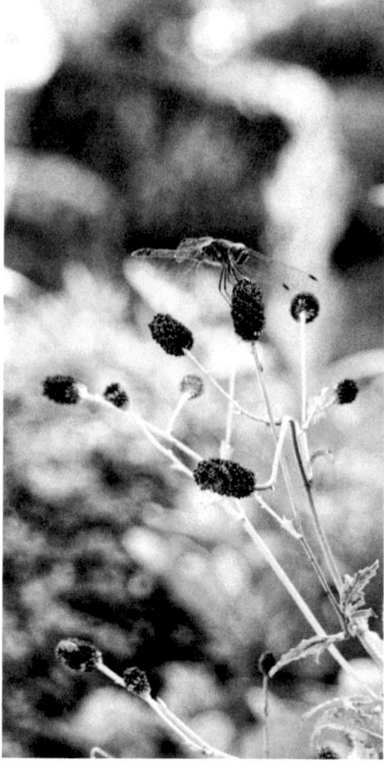

吾木香（われもこう）

（匂宮（にほふみや）の巻）

紫苑（しおん）

（野分（のわき）の巻）

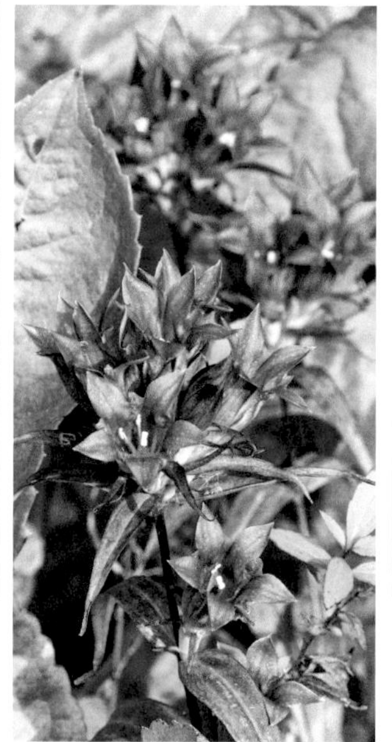

龍胆（りんどう）

（夕霧（ゆふぎり）の巻）

石蕗（つわぶき）

9〜11月に咲く草花

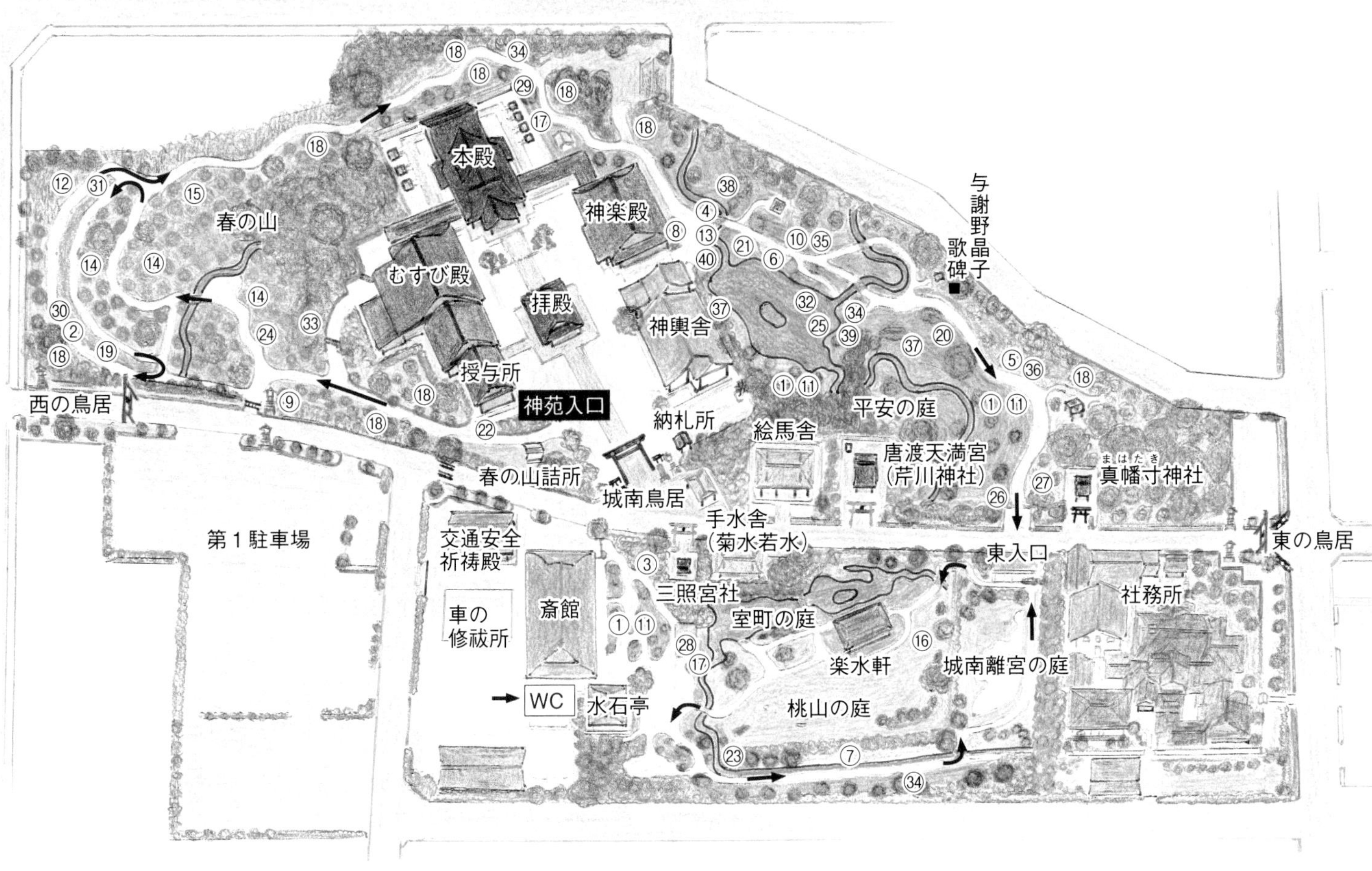

本殿
春の山
神楽殿
むすび殿
拝殿
神輿舎
授与所
神苑入口
西の鳥居
与謝野晶子歌碑
平安の庭
納札所
絵馬舎
唐渡天満宮
(芹川神社)
真幡寸神社
春の山詰所
城南鳥居
手水舎
(菊水若水)
東の鳥居
第１駐車場
交通安全
祈祷殿
東入口
三照宮社
社務所
斎館
車の
修祓所
室町の庭
楽水軒
城南離宮の庭
WC
水石亭
桃山の庭

「源氏物語花の庭」神苑図

神苑には、源氏物語に登場する植物を中心に約90品種の草花が育っています。ここでは、本写真集に掲載している草花の主な植栽場所を掲載しています。

しだれ梅と椿

しだれ梅

平安時代後期に編纂された『後拾遺和歌集』には、「梅が香を さくらの花に 匂はせて 柳の枝に 咲かせてしがな」と詠まれた句が収められています。これは、中原致時が香りの芳しい梅、花の色の美しい桜、そして柳のようなたおやかな枝、それぞれの良さが一体となった理想の花を思い浮かべて詠んだと考えられています。

江戸時代になると花梅の品種改良がさかんに行われるようになりました。当時の文献に“しだれ梅”の記述が見られます。宝永７年（1710）の文献『増補地錦抄』には、「白八重ひとへ有 木はよくしだれて柳のごとし」とあります。江戸時代中期の頃から、平安時代に中原致時が思い描いた三拍子揃った理想の花“しだれ梅”が世に広まったと考えられます。

＊65〜72頁は、切り離すことができます。身近に飾るなど、お楽しみください。

探梅

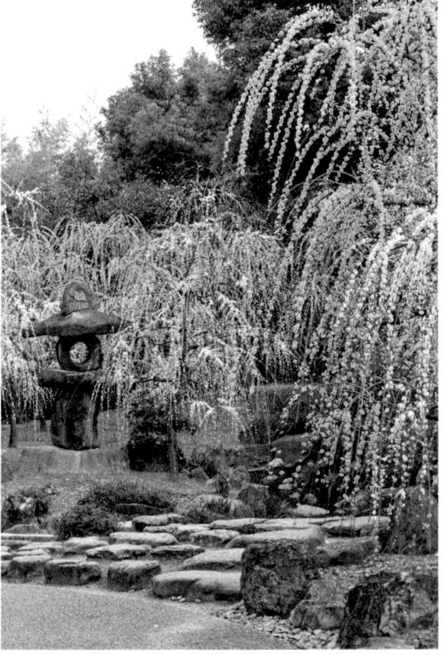

観梅

惜梅

移り行く、しだれ梅

社殿の西に広がる「春の山」では、150本のしだれ梅がうすべに色や紅白の花を装い、春の訪れを告げます。「探梅（たんばい）」、「観梅（かんばい）」、「惜梅（せきばい）」と移り行くしだれ梅の景色をお楽しみください。

雪化粧、春の山

枝に雪が積もり、まるで満開の白い花が咲いているような景色です。

薫り立つ、春の山

春の山の表舞台とも言える場所です。小川が流れ、甘い梅の香りに包まれた薄紅色と白色の満開のしだれ梅、ため息が漏れるほどの景色です。

煌めき、春の山

日中の様子とは違った夜空の下に浮かび上がる幻想的な光景が広がります。

春爛漫、春の山

小川のほとりから、手前のしだれ梅の奥に広がる圧巻の景色。目線をさげるとまた違った景色が見えてきます。

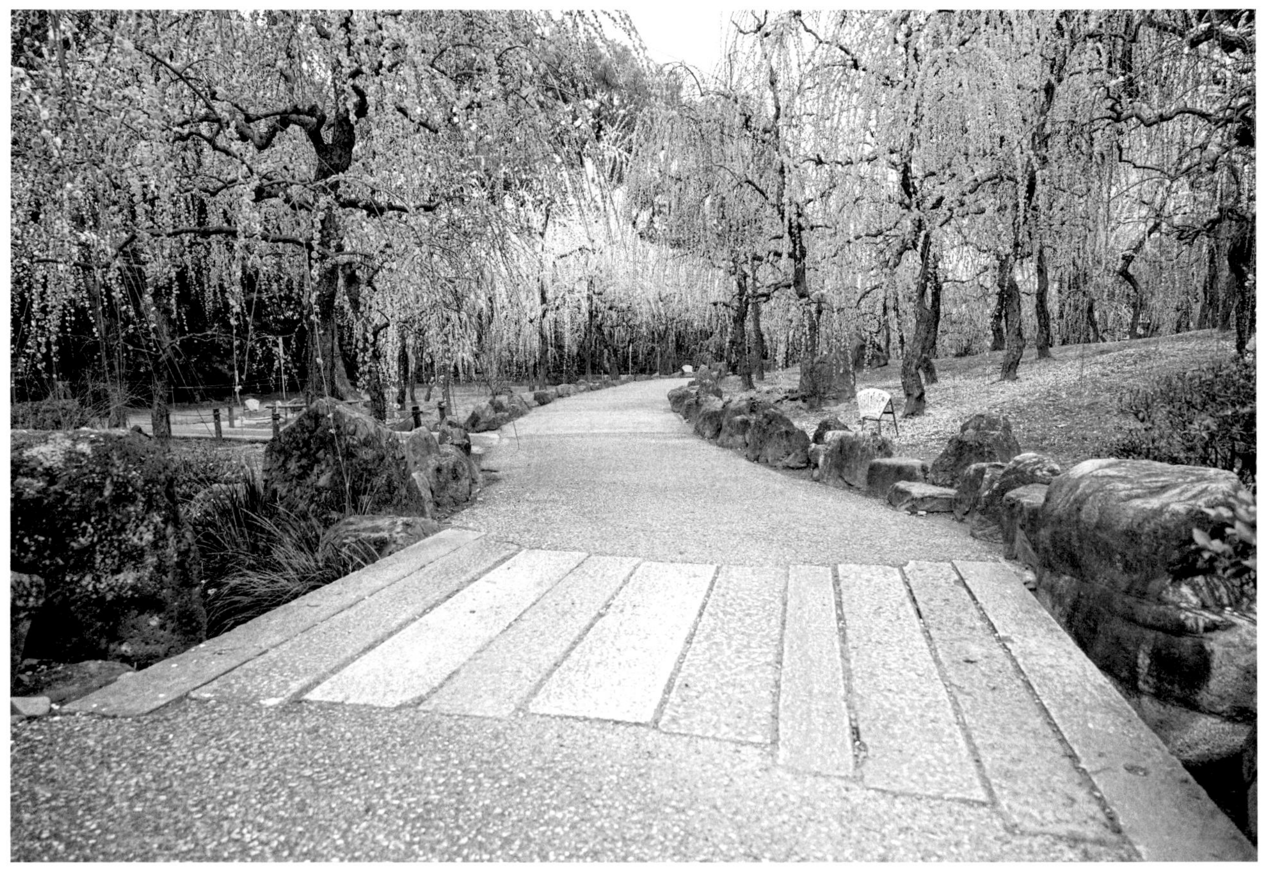

しだれ梅、降り注ぐ

奥へと続く苑路の左右のしだれ梅の枝振りは自身に降り注ぐようで、しだれ梅のトンネルを通り抜けているような感覚におちいります。

垣間見、落ち椿

“しだれ梅と落ち椿”の景色と表裏一体ともいえ、たおやかな枝振りのしだれ梅のカーテン越しに垣間見(かいまみ)る落ち椿の景色も趣きがあります。

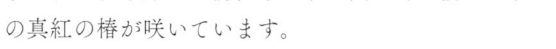

雪のなか、椿一輪

まだ花が咲き始める前、あたり一面が雪に覆われました。白銀の世界のなか一輪の真紅の椿が咲いています。

しだれ梅と落ち椿

しだれ梅と苔の上の落ち椿、そして花びらの絨毯。いまでは、ここ城南宮でしか見られない早春の京都を彩る、類い稀な絶景として知られています。

しだれ梅と落ち椿

夕方西日が差し、スポットライトが当たっているかのようで、苔の上の真紅の落ち椿が際立ちます。

落ち椿

しだれ梅が散ったあと、なおも落ち椿を見ることが出来ます。あたり一面、椿で埋め尽くされた圧巻の景色に出会えるかもしれません。

しだれ梅とめじろ

しだれ梅が６分ぐらいまで咲くとめじろが枝から枝へと飛び移る様子が楽しめます。めじろにとっても心躍る季節のようです。

城南鳥居としだれ梅

境内にひときわ大きいしだれ梅が1本育っています。大きく円錐状に広がる枝振りは壮観です。

植木市

しだれ梅と椿まつりの期間中、参道の絵馬舎では植木市が開かれます。それぞれのご自宅でも美しい花を咲かせることでしょう。

花びらの絨毯

散り始めの数日間、“花びらの絨毯”を楽しめます。満開を迎えた後、風の強い日や雨などの翌日が絶好の機会です。

剪定

城南宮では、3月末にしだれ梅の剪定を行い、「きれいな花を咲かせてくれてありがとう」という感謝の気持ちを込めて“御礼肥”を施します。

椿

椿は他家受粉で結実するため、花色や花形に変異が生じやすく、品種改良が行われてきました。江戸時代に、２代将軍徳川秀忠が椿の園芸に熱中したことで、椿ブームを迎えます。参勤交代によって、諸国から江戸に椿が持ち込まれ、たくさんの品種が生まれました。城南宮では、江戸期から見られる古典椿を含めて、150品種・約400本の椿を育てています。９月頃から咲き始める早咲きの品種、５月頃まで咲く遅咲きの品種もあり、晩秋から新緑の季節まで長い期間お楽しみになれます。

神苑内で育つ椿は、城南宮独自の視点で、①古典椿　②近代・現代椿　③神紋に関わる椿　④咲き分け椿　⑤吉祥文字を含む椿　⑥源氏物語に関わる椿　⑦変わり葉椿　⑧秋咲き椿の８つのカテゴリーに区分して、植栽しています。

城南椿

200年椿　離宮椿

300年椿　長生椿

城南宮に自生する藪椿

城南宮には、花色や花形に特長のある“城南椿”、樹齢200年の“離宮椿”や、樹齢300年の“長生椿”などの藪椿が育っています。

※樹齢鑑定：椿園株式会社（愛知県 稲沢市）　令和 3 年 4 月

加茂本阿弥

岩根絞

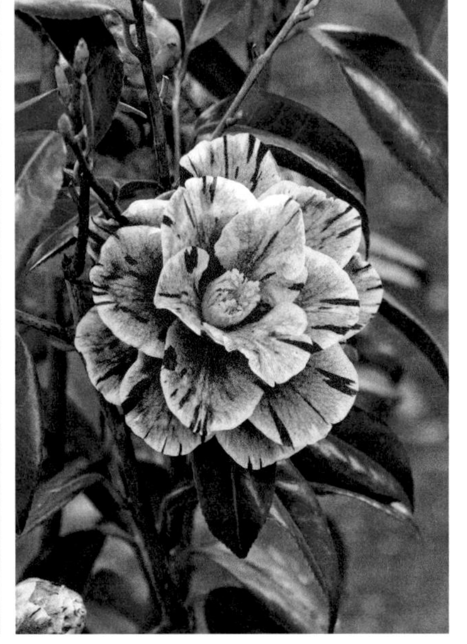

沖の浪

古典椿

椿は江戸時代に品種改良が進み、たくさんの品種が生まれました。このころから見られる椿を一般的に「古典椿」といいます。

玉之浦　　千代の春　　金花茶

近代・現代椿

城南宮では、「古典椿」に対して、主に明治時代以降に作出された椿を「近代・現代椿」と総称して育てています。

日光

月光

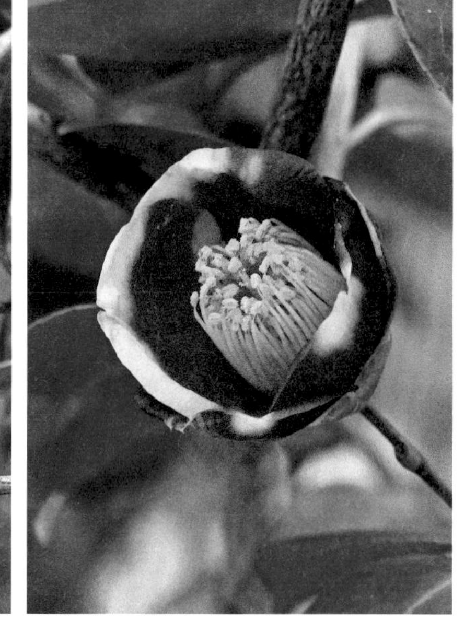
流星光

神紋に関わる椿

城南宮の神紋は“三光(さんこう)の紋”といい、日・月・星を象っています。それらの文字を名前に含む椿や、神社や神道に関わる言葉などが名前に入っている椿を集めました。

七曜変化

五色八重散椿

咲き分け椿

「咲き分け」の椿は、一本の木にさまざまな色や形の花が咲く品種です。特に“七曜変化”は、千重・牡丹・宝珠咲きなど花形も多彩に変化します。

宝玉

千羽鶴

まほろば

吉祥文字を含む椿

吉祥文字を含む椿として、椿の名前の中に「宝・寿・福」といった縁起のいい文字などが入った椿を集めました。

光源氏

若紫

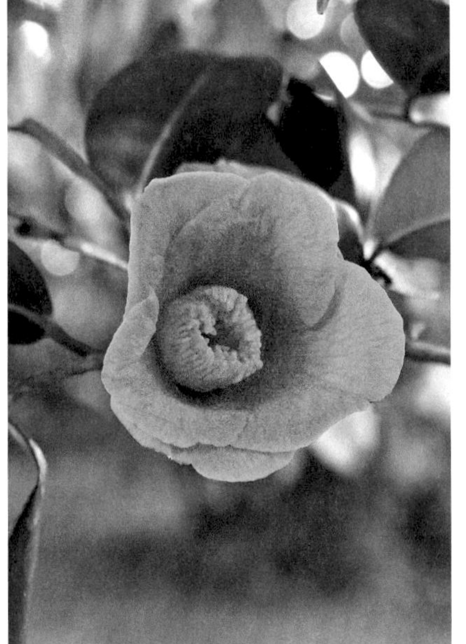

初音

源氏物語に関わる椿

“光源氏”“葵の上”など源氏物語の登場人物の名前や“若紫”“初音”など源氏物語の巻名がついた椿、源氏物語に関連する言葉が含まれた椿を育てています。

盃葉椿　　白錦魚葉椿

桜葉椿

変わり葉椿

錦魚葉・盃葉・桜葉・蘭鋳葉・弁天葉などの変わり葉は、椿のみならず江戸時代多くの園芸植物で珍重されていました。

東方朔

京の誉

華園

秋咲き椿

９～11月に咲き始める秋咲き椿は、椿の中では珍しいあずき色の花が咲く“京の誉”をはじめ、約30品種を育てています。３月頃まで長い期間楽しめます。

椿とめじろ

“椿”も“しだれ梅”と同じく、「鳥媒花」です。城南宮では、しだれ梅を飛び交うめじろをよく見ますが、椿の蜜を吸うめじろは、なかなか出会えません。

落ち椿

“しだれ梅と落ち椿”の景色を通り過ぎると、緑の苔の上一面に真紅の椿が落ちています。苔の絨毯を這うように見える椿の根に力強さを感じます。

しだれ梅・椿
Product Design

城南宮の境内には、参詣者に湯茶を接待する茶店が朱の鳥居前にありました。昭和53年にリニューアルし、「離宮茶屋」と称し、ぜんざいや蕎麦などを提供してきました。現在では、主に参拝記念品を扱い しだれ梅と椿まつりの期間（２月18日～３月22日）は、境内地の一角にある建物の一階に場所を移しています。

神苑に咲く花をモチーフにしたオリジナルの参拝記念品をはじめ、“しだれ梅”や“椿”にこだわった商品を普段より品揃えも多くしてお待ちしています。

とりわけ“しだれ梅”をモチーフにしたグッズは、世の中にほとんど見られません。そこで、さまざまな企業と共同でデザイン開発をすすめました。いずれも、離宮茶屋が創出した、ここだけにしかない一品です。

しだれ梅と落ち椿

椿づくし

藤と錦鯉

手ぬぐい

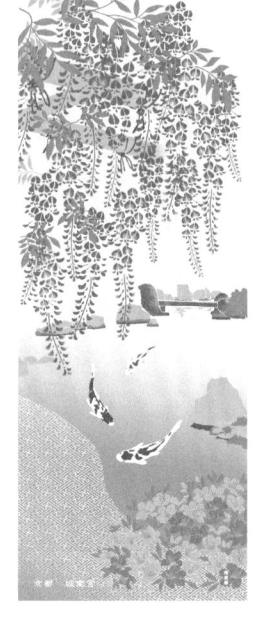

受け継がれた伝統と職人の技により、布地の質感を損なわずに繊細な柄が鮮やかに表現された濱文様の手ぬぐいです。

デザイン：濱文様

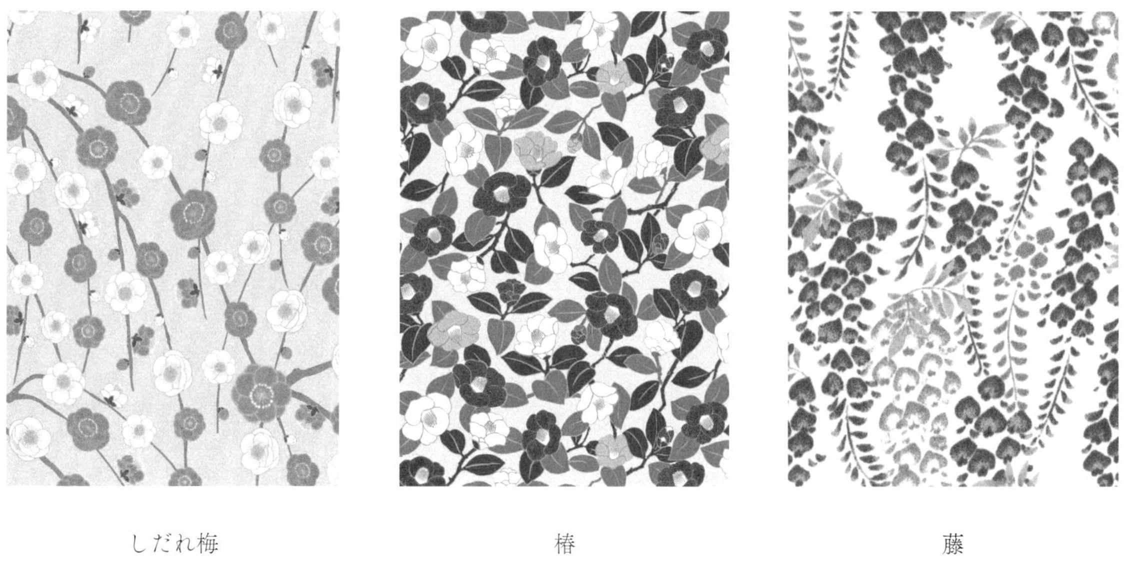

しだれ梅　　椿　　藤

和雑貨

神苑に咲く花をモチーフにデザイン開発したポリエステルちりめんの生地。御朱印帳入れや巾着ポーチとして用いています。

デザイン：宇仁繊維

しだれ梅と落ち椿

藤とつつじ

風景緑茶
パッケージデザイン

京都のとっておきの風景をパッケージにあしらった風景緑茶。香り溢れる緑茶のティーパックが入っています。

デザイン：山形歩（風景緑茶：磯野開化堂）

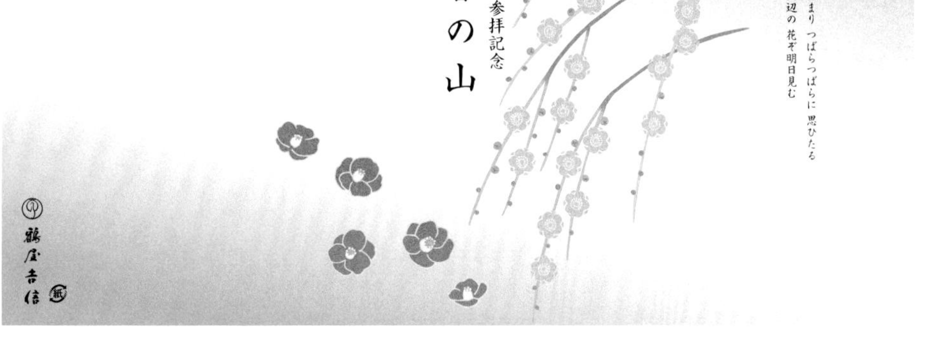

十月あまり つばらつばらに 思ひたる
春の山辺の 花ぞ明日見む
城南宮参拝記念
春の山
鶴屋吉信

しだれ梅と落ち椿

和菓子 春の山 掛け紙

鶴屋吉信の和菓子つばらつばらに“しだれ梅と椿”の焼印を押した「春の山」。その紙箱の掛け紙のデザインです。

デザイン：鶴屋吉信

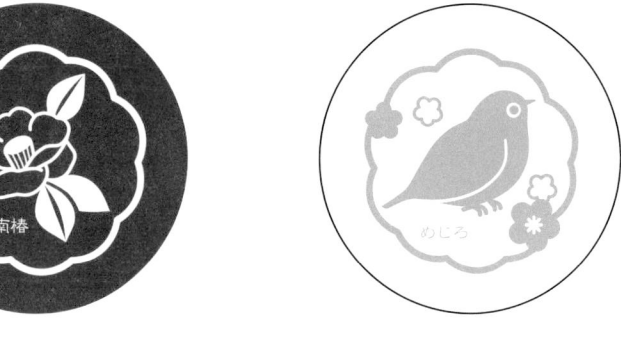

しだれ梅

城南椿

めじろ

京あめKan パッケージデザイン

円筒形の缶の蓋に“しだれ梅”や“城南椿”をデザイン。缶の中には、祇園小石の京あめが入っています。

デザイン：岸本華子

しだれ梅

ストール

たおやなか枝ぶりのしだれ梅、春の風が吹き渡り、花びらが舞う様子をイメージしています。

デザイン：岸本華子（製造：ポルト・ボナール）

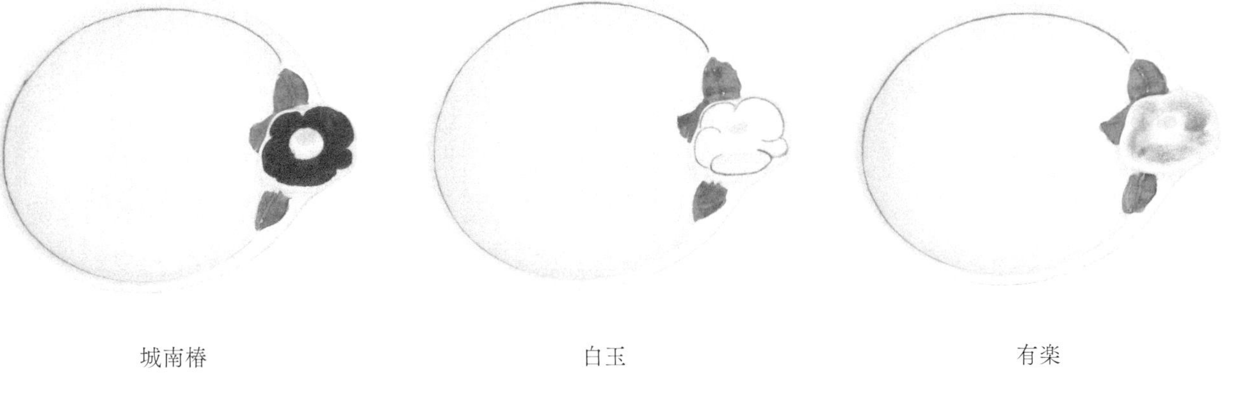

城南椿　　白玉　　有楽

椿の小皿

テーブルに彩りを加えてくれる“城南椿”などをあしらった小皿です。椿の花の部分は、箸置きとしても使えます。

窯元：仙右ェ門陶房（波佐見焼）

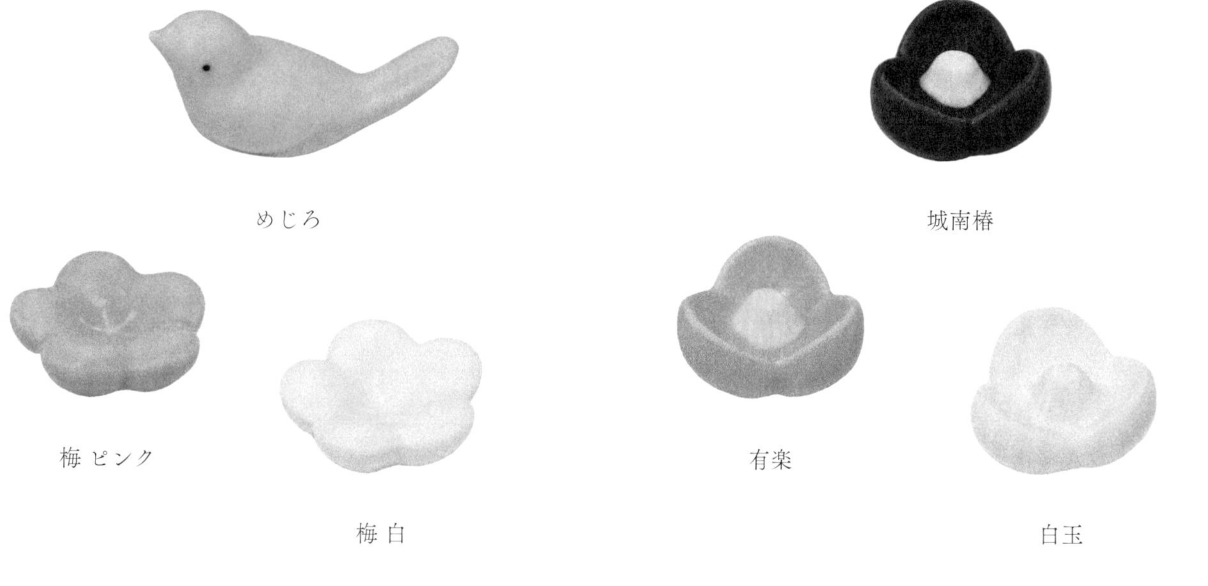

めじろ

城南椿

梅 ピンク

梅 白

有楽

白玉

梅や椿の置き物

“城南椿”や“めじろ”などをイメージした愛らしい置き物です。箸置きとしてお使い頂けます。

窯元：京千（波佐見焼）

主な祭礼と年中行事

＊日にちは変更になる場合もあります。事前に公式ホームページなどで確認のうえお越しください。

あとがき

城南宮に奉職してからは、それまでの日常とは大きく変り、日々四季の変化を感じながらの生活に変りました。

20代後半からカメラを持って、風景写真などを撮影していた私にとって、身近なところで撮影のチャンスが増えたのです。

草花の撮影をしていると、咲き始めから散るまでの景色は、その時々で全く違います。また、朝や夕方の陽射しの違いでも表情が大きく変ります。さらに、1年後には木々も大きく成長し、スケール感にも変化が生じます。そして、葉が生い茂ってくると光の当たり方も違ってきます。

この写真集は、365日を神社で過ごすからこそできる、様々な状況で撮影した珠玉の一枚の数々です。いま現在の城南宮の春夏秋冬や年中行事の様子を綴りました。是非手に取ってご覧ください。

プロフィール

鳥羽良明

昭和44年（1969年）京都市生まれ。同志社大学卒業後、平成4年パイオニア株式会社に入社。営業職を経て、マーケティングや事業企画に従事。平成20年9月退社。翌年、皇學館大学　神道学専攻科に入学し、神職資格を取得、修了。平成22年4月より城南宮に奉職。奉職後、自身の撮影した写真をもとにホームページを構成。絵はがきやクリアファイルなども手がける。

題字　鳥羽良明
デザイン　HON DESIGN

城南宮　春夏秋冬

発行日　2024年1月1日　初版発行
文・写真　鳥羽良明
発行者　杦本修一
発行所　京都新聞出版センター
〒604-8578　京都市中京区烏丸通夷川上ル
TEL 075-241-6192　FAX 075-222-1956
http://www.kyoto-pd.co.jp/book/

印刷・製本　株式会社サンエムカラー

ISBN978-4-7638-0789-2　C0026

JN113444